Die Gedanken Einer Schildkröte

Über Euch Menschen

Terra Speranza

Impressum

Jahr: 2020

ISBN: 9789463982597

Verlagsportal: Osiander Bookmundo

Gedruckt in Deutschland

Die Deutsche Nationalbibliothek verzeichnet diese Publikation in der Deutschen Nationalbibliografie.

Eine kleine, symphytische Schildkröte erzählt:

„Hallo, darf ich vorstellen, mein Name ist Tuga und ich bin eine Schildkröte. Genauer gesagt, bin ich eine griechische Landschildkröte. Ihr bezeichnet mich zumindest so. Denn eigentlich bin ich halb Grieche und halb Italiener. Mein Vater stammt aus Griechenland, in der Nähe von Athen und meine Mutter ist ursprünglich aus der Toskana in Italien. Getroffen haben sich meine Eltern bei einem Menschen im Süden Deutschlands, in der Nähe vom Bodensee. Das Ergebnis aus dem Treffen sind meine 87 Geschwister und ich. Wir Schildkröten haben keinen Namen, wie ihr Menschen ihn habt. Erst ihr habt mir einen gegeben. Dieser geht auf das spanische Menschenwort Tortuga zurück und bedeutet Schildkröte. Tuga ist die Abkürzung daraus.

Alle Lebewesen scheinen eine Art Namen zu haben, obgleich dies meist Laute und Gerüche sind, zeichnet dieser ein Individuum aus. Wie auch ich haben alle Lebewesen, mit Ausnahme von euch Menschen, keinen Nachnamen. Wenn ich es richtig verstanden habe, dienen eure Nachnamen dazu eure Abstammung und

Zugehörigkeit zu signalisieren. Weil wir Tiere keinen Nachnamen haben, müssen wir uns gezwungenermaßen alle duzen. Bitte verzeihen Sie mir, wenn ich auch Sie im Weiteren aus Macht der Gewohnheit duzen werde.

Ihr glaubt, dass ich steinalt bin, in Wahrheit fühle ich mich aber sehr jung. Wie alt ich in eurer Zeitrechnung bin, weiß ich nicht. Aber ich bin schon vor vielen Wintern, in denen ich geschlafen habe, aus einem Ei geschlüpft. Seither lebe ich hier auf dem großen Ei, das ihr Menschen Erde nennt.

Warum ich so viel über euch Menschen weiß? Ich lebe seit meiner Geburt bei euren Artgenossen. Da sie mich täglich füttern, muss ich nicht selbst nach Nahrung suchen. Dadurch habe ich sehr viel Zeit. Die meiste davon verbringe ich damit, mir Gedanken zu machen. Ich mache mir über sehr viel Gedanken. Da ich schon mein ganzes Leben lang bei euch bin, sind dies häufig sehr menschliche Fragestellungen. Einige dieser Überlegungen möchte ich in diesem Buch gern mit dir teilen. Es steht mir als kleine Schildkröte nicht zu, euch Menschen zu belehren. Ebenso halte ich meine Sichtweise nicht für die einzige, richtige oder gar wahre. Ich möchte dich lediglich zum

Nachdenken über die Vergangenheit, die Gegenwart und die Zukunft von dir und deinen Mitmenschen anregen. Dabei möchte ich dir gern zu Folgendem etwas erzählen:

Ich hoffe, dass dich meine Gedanken nicht langweilen oder gar überfordern. Du kannst dir beim Lesen gern Zeit lassen. Denn ich habe ja auch eine halbe Ewigkeit gebraucht, bis ich dieses Buch fertig geschrieben hatte."

Der seltsamste Erdbewohner Mensch

„Ich liebe es, euch zu beobachten. Denn kaum ein Lebewesen ist in sich so widersprüchlich, wie ihr Menschen es seid. Wie ein und dasselbe Geschöpf einerseits im medizinischen Bereich um jedes Menschenleben kämpft und gleichzeitig die eigenen Artgenossen in Kriegen tötet, werde ich wohl nie verstehen. Wie kann man einerseits Krankenhäuser aufbauen und gleichzeitig Kriege finanzieren und führen? Es scheint, als könntet ihr lieben und hassen gleichzeitig. Ihr seid die größte Bedrohung für die Natur und die Lebewesen auf diesem Planeten. Seid die Ursache des Klimawandels und des Artensterbens und gleichzeitig setzt ihr euch für den Umwelt-, Arten- und Klimaschutz ein. Ihr seid im Grunde alle gleich und differenziert dennoch nach Religion, Hautfarbe, Geschlecht, politischer Orientierung und Herkunft. Es wirkt, als hättet ihr das Gute und Böse in euch, das personenspezifisch unterschiedlich stark vertreten zu sein scheint. Ihr beglückwünscht euch gegenseitig bei Erfolgen und gleichzeitig empfindet ihr das Gefühl des Neids. Ich bin schon einige Jahre alt und habe einige Menschen kennenlernen dürfen. Bereits Menschenkinder schließen Bündnisse und bekämpfen sich in Spielen gegenseitig. Glücklich scheint sie vor allem die Aussicht auf das Siegen zu machen. Besser zu sein als der Gegner. Auch ausgewachsene Menschen bekämpfen sich gegenseitig – ihr nennt dies Krieg. Selbst friedliche Menschen spielen Computerspiele, Fußball, Basketball und vieles mehr. Immer das Ziel vor Augen gewinnen zu wollen. Und wenn ihr dann doch verliert, dann nehmt ihr das leider allzu häufig nicht sportlich. Die Gründe dafür scheinen recht unterschiedlich zu sein und für mich nicht nachvollziehbar. Wir Schildkröten verhalten uns hierbei besser. Wir lieben zu leben und nicht zu töten. Ihr scheint nicht zu verstehen, dass das Leben nichts mit Gewinnen und Verlieren zu tun hat. Wir sollten die uns gegebene Zeit auf der Erde genießen. Außer ihr Menschen würde kein anderes Lebewesen etwas tun, das Ihnen kurz- bzw.

langfristig schadet. Ihr hingegen zerstört die Wälder und Meere, von denen und durch die ihr lebt.

Leben bedeutet Essen, Trinken und ausreichend Schutz vor Wind, Regen, Hitze und Kälte zu haben. Ich habe es da leicht mit meinem Panzer als tragbares Häuschen. Wenn es kalt wird, beginne ich zu schlafen. Sobald die Sonne mich wärmt beginne ich von den Köstlichkeiten, die uns dieser Planet schenkt, zu speisen.

Im Grunde mag ich euch Menschen. Vielleicht lebe ich auch schon zu lange bei euch, um objektiv sein zu können. Ich versuche das Bild von Euch als ein kriegendes und zerstörendes Lebewesen zu unterdrücken. Meistens fällt mir das auch sehr leicht, denn ich verbringe mein Schildkrötenleben bei sehr lieben Menschen.

Tief in meinem Herzen bewundere ich euch sogar. Ihr musiziert gemeinsam, wie es auch Vögel und Wale tun. Ihr seid für einander da, unterstützt euch gegenseitig und führt gemeinsam tiefgründige Gespräche über alle möglichen Themen. Als Tier weiß man nicht, ob man euch lieben oder fürchten muss."

Woran ihr Menschen glaubt

„Ihr Menschen seid Lebewesen, die an eine höhere Kraft und Macht glauben. Doch was bedeutet zu glauben? Wir Schildkröten, wie auch die anderen Tiere, haben keinen Glauben. Ich weiß auch nicht, ob zu glauben angeboren oder erlernbar ist. Wenn das letztere zutrifft, würde ich es gern lernen. Ich persönlich stell mir den Glauben so vor, dass er da anfängt, wo die eigene geistige Leistungsfähigkeit endet. Alles was wir sehen, hören, fühlen und riechen können, halten wir für real. Wie die Realität wahrgenommen wird, ist aber abhängig von jedem Individuum. Denn es gibt wahrscheinlich keine allgemein gültige Realität, sondern nur eine subjektive. Ich möchte dir an einem Gedankenexperiment zeigen, wie ich mir die Realität vorstelle.

Für euch Menschen ist eine Ameise beispielsweise sehr klein und ihr habt deshalb auch keine Angst vor diesen Krabbeltierchen. Ich hingegen hatte als kleine Babyschildkröte immer große Angst vor Ameisen. Du frägst dich vielleicht, wie man Angst vor solchen kleinen, harmlosen Tierchen haben kann. Du hast aber auch bestimmt noch nie eine Ameise in groß gesehen? Die sind riesig und sehen auch noch ziemlich ekelig aus. Daran siehst du, dass wir nicht wissen, was groß und was klein ist. Wir können nur vergleichen. So bin ich kleiner als ein Mensch. Stell dir vor, alles was wir kennen, wäre um das Tausendfache verkleinert. Also wirklich alles. Dazu gehört die Sonne, der Mond und die Sterne und all das, was wir kennen. Für uns würde sich dadurch nichts ändern. Ein Meter wäre immer noch ein Meter. Ja, ich wäre aus deiner Sicht noch genauso groß oder klein wie jetzt. Auch die Naturgesetze und all das, was die Wissenschaft an Erkenntnissen umfasst, würde dadurch ja nicht zwingenderweise ungültig werden. Denn die Naturwissenschaften erklären ja unsere aktuelle Realität. Gleichermaßen könnte auch alles, was wir kennen, vergrößert werden. Auch dann würde sich für uns nichts ändern. Unsere Realität wäre wie bisher. Den Unterschied würde man nur merken, wenn man außerhalb dieses Systems wäre, also nicht Teil der Vergrößerung bzw. Verkleinerung. Nur weil wir etwas als real wahrnehmen, können wir demnach nicht sicher sein, dass es der Realität entspricht. Es ist immer nur eine subjektive Realität, nie aber eine objektive. Denn diese werden wir nie erreichen, da wir gefangen sind in einem System. Jeder kann also seine eigene Realität haben und damit richtig oder falsch liegen. Keiner kann aber sicher nachweisen, dass seine Sicht auf die Dinge stimmt. Egal, wie groß wir sind und all das was uns umgibt wirklich ist. Ich schätze unser System Erde sehr und weiß, dass wir mit diesem Planeten durch ein möglicherweise endloses Universum reisen.

Ich möchte dieses Gedankenmodell gern weiterverfolgen, nachdem die Einschätzung von Groß und Klein der subjektiven Wahrnehmung entspricht und dadurch nur ein Vergleich möglich ist. Also nicht etwa die Beantwortung der Frage wie groß etwas ist, sondern wie das Verhältnis zwischen etwas Größerem und Kleinerem ist. Stell dir vor, dass sich alles, was du und ich kennen, in einer Kugel befindet. Damit meine ich das Gebäude in dem du lebst, deine Stadt, die gesamte Erde mit all ihren Naturgesetzen. Ja, sogar alle Sterne, die Sonne und der Mond sowie alle uns bekannten Galaxien. All das, was wir Schildkröten und ihr Menschen wisst und kennt, befindet sich in eben dieser Kugel. Diese Kugel mit allem darin befindet sich in einem Wohnzimmer eines Gebäudes. In diesem lebt auch ein Mensch, ja vielleicht sogar mit einer Schildkröte. Alles was sie wissen und kennen, wirklich alles, befindet sich ebenfalls in einer Kugel. Diese steht wiederum auch in einem Gebäude. Dies ist unendlich fortsetzbar. Auch wenn das verrückt klingt. Das Gegenteil dieses Gedankenexperiments ist nicht beweisbar. Denn wir kennen nur unser System, in diesem Gedankenkonstrukt unsere Kugel mit all dem, was wir aktuell und zukünftig kennen und wissen werden. Daran merke ich, dass ich eigentlich nichts ausschließen kann, denn ich kenne ja nur meine Realität und muss dadurch auch Glauben.

Ich weiß nicht, wie ihr euch die Welt und das Universum vorstellt. Vielleicht fehlt es uns Schildkröten dabei auch an einer menschlichen Vorstellungskraft. Das Nichts stelle ich mir als Vakuum vor. Denn Nichts bedeutet ja, dass da nichts, gar nichts ist, nicht einmal ein einziges Teilchen. Trotzdem kann ich mir das Nichts nur räumlich begrenzt vorstellen. Deshalb bringe ich das Nichts, also das Vakuum ohne ein einziges Teilchen, immer mit einer großen Metallkugel in Verbindung. In dieser Metallkugel befindet sich das Nichts. Unser Universum soll sich aber in das Nichts ausdehnen. Demnach müsste die Kugel immer größer werden. Auch wissen wir nicht, wie viele Urknalle es gab und woher die Teilchen kamen. Den das Nichts dürfte es doch eigentlich gar nicht geben. Und doch gibt es uns.

An diesen Gedankenmodellen und Vorstellungen erkenne ich für mich, dass ich alles, an was ihr Menschen so glaubt, nicht ausschließen kann. Glaube kennt demnach nicht nur eine Wahrheit. Das, woran jemand glaubt, kann von einem anderen Betrachter weder als wahr noch als unwahr gesehen werden. Bei nichts liegen die unterschiedlichen, subjektiven Realitäten so eng beieinander als beim Glauben. Das zu verstehen würde aber bedeuten, dass ihr Menschen euch unabhängig von eurer Religion respektieren solltet. Denn jeder hat recht und keiner irrt, auch bei unterschiedlichen Sichtweisen. Vielleicht ist das der große Unterschied zwischen euch Menschen und uns Schildkröten und den anderen Lebewesen. Ihr könnt glauben und der Glaube kann ein Teil eures Lebens sein.

An die Zeit, bevor ich aus dem Ei geschlüpft bin, kann ich mich nicht erinnern. Auch weiß ich nicht, was nach dem Leben kommt bzw. ob danach überhaupt etwas kommt. Ich habe von vielen Menschen gehört, dass es nach dem Leben auf dieser Erde weitergehen soll. Ihr bezeichnet das häufig als paradiesisches Jenseits. Erzählt haben sich das Menschen, die sich selbst als Christen, Juden, Muslime, oder anders bezeichnet haben. Was das im Detail bedeutet, weiß ich nicht. Mir gefällt aber die Vorstellung, dass man nach dem Leben auf Erden an einem wunderschönen Ort ist. Ich hoffe nur, dass auch wir Schildkröten dort hinkommen.

Die Vorstellung, dass es nach der Zeit hier woanders weitergeht, gefällt mir. Das ist aber gar nicht so leicht zu verstehen. Ihr sagt, dass ich auch von einer größeren Macht erschaffen wurde, von Gott. Bin ich damit auch ein Geschöpf Gottes? Wenn jemand die Erde verlässt, darf er dann noch zu den hier lebenden gehen und sie beschützen? Ich könnte mir vorstellen, dass für eine Seele die Zeit hier auf Erden erst dann endet, wenn hier niemand mehr ist, der einem etwas bedeutet. Diese Seelen, so glaube ich, nennt ihr Schutzengel. Schutzengel sind ja vielleicht die Verstorbenen, denen ihr sehr viel bedeutet habt. Manchmal nennt ihr sie ja auch Ahnen und seht sie in der Natur. Unabhängig von eurer Religion seht ihr das aber fast alle gleich. Und wenn hier auf Erden niemand mehr ist, der einer Seele während des Lebens sehr viel bedeutet hat, will sie bestimmt für immer an dem Ort sein, den ihr Jenseits nennt. Vor allem sind dann ja dort alle seine Liebsten und es gibt keinen Grund mehr zur Erde zurückzukehren.

Wahrscheinlich ist das nur die schöne Vorstellung einer Schildkröte, die daran glaubt, dass irgendwie alles einem System folgt. Denn wenn jemand die Erde verlässt, ist das für diese Person laut eurer Religionen positiv, nicht aber für die Zurückgebliebenen. Für die ist es schrecklich. Vor allem stell ich mir dann auch die Frage, ob gute Menschen weniger lang leben. Denn wenn es doch dort im Jenseits so schön ist, dann möchte man doch möglichst früh dort sein. Vielleicht ist das auch der Grund, weshalb Naturkatastrophen, die nicht durch euch Menschen verursacht wurden, häufig die armen Menschen treffen. Aber wer kann das wollen?

Unabhängig davon, welcher Religion ihr angehört, ihr glaubt alle an eine größere Macht. Wenn Gott die Welt erschaffen hat, woher kam die Kraft Gottes? In welcher dieser zuvor beschriebenen Kugeln ist Gott? Und lässt Gott euch jeden Spielraum, oder nimmt er Einfluss auf das System des Lebens hier auf Erden?

Naja, wahrscheinlich werde ich auf diese Fragen nie eine Antwort bekommen. Und so wie ich euch verstanden habe, wisst ihr das auch nicht, obwohl ihr euch für intelligent haltet. Diese Gedanken bereiten mir häufig Kopfschmerzen. Denn ich habe nach diesen Gedanken meistens mehr offene Fragen als zuvor. Wenn ich mir all dies aber vorstelle, weiß ich nur, dass ich nicht weiß, dass es kein göttliches Jenseits geben soll. Ich lenke mich bei solchen Überlegungen dann meistens ab, indem ich mich in die Sonne lege und deren Wärme genieße. Dabei fühle ich mich ziemlich klein, aber auch bedeutend, denn die Sonne scheint jeden Tag - auch für mich.

Die schlechtesten Erfahrungen habe ich mit den Menschen gemacht, die nur an sich selbst glauben. Ihr bezeichnet diese als arrogant. Die arroganten Menschen, die ich kennengelernt habe, sind seit dem Einsetzen der Arroganz in ihrer Entwicklung meistens stehen geblieben. Ich vermute, dass ein von sich übertrieben überzeugter Mensch nicht mehr in der Lage ist zu lernen. Er ist nicht bereit seine Haltung, Meinung und Überzeugung kritisch zu hinterfragen und weiterzuentwickeln. Nicht zu lernen bedeutet immer Stillstand. Stillstand kann es auf einer sich drehenden Erde aber nicht geben. Schon irgendwie lustig, dass demnach die Menschen, die sich für die Größten halten, eigentlich die dümmsten sind, weil sie vor lauter Arroganz aufgehört haben sich weiterzuentwickeln und zu lernen.

Manche von euch glauben ja auch an die Wissenschaft. Beschreibt die Wissenschaft ein göttliches System? Oder beschreibt die Wissenschaft ein System ohne göttlichen Hintergrund? Da weder die Wissenschaft, noch die Religion diese Frage beantworten kann, ist beides möglich. Es kann also nicht ausgeschlossen werden, dass es ein göttliches Gefüge oder System gibt. Damit kann sowohl über die Wissenschaft, wie auch über die Religion unsere wahrgenommene Realität begründet werden. Daraus ergibt sich nicht unbedingt ein Widerspruch.

Wisst ihr, was ich nicht verstehe? Wir Landschildkröten sind mal kleiner und mal größer, aber wir sind Landschildkröten. Die eine mag vielleicht eher Kleeblätter und die anderen lieber Löwenzahlblätter, aber im Grund sind wir alle gleich. Ihr scheint über das, was ihr Religion nennt, eine Differenzierung voneinander vorgenommen zu haben. Warum tut man so etwas? Für mich als Schildkröte sehen alle Menschen gleich aus, haben die gleichen Ängste und Sorgen, lachen über die gleichen Dinge. Wenn es um eure Religion geht, dann scheint es mir aber, dass ihr es vor allem zu lieben scheint, Unterschiede herauszustellen. Stattdessen ist es doch viel sinnvoller Gemeinsamkeiten zu finden.

Ihr macht euch über Gott und die Welt Gedanken. Ihr scheint erst dann seltsam zu werden, wenn ihr aufhört zu lernen, Dinge zu hinterfragen und euch weiterzuentwickeln. Wer nur das gezielt sucht, was er vermutet bzw. kennt, wird nicht das finden, was er noch nicht wusste bzw. kannte. Es gibt keinen Stillstand auf einem sich drehenden Planeten. Das macht mir einerseits Sorgen, gibt mir aber gleichzeitig auch Mut, dass die Welt zu einem besseren Ort wird, weil ihr lernt eurem Herzen und eurem Verstand zu folgen. Auch Menschlichkeit beinhaltet das Wort Mensch."

Leben in selbst definierten Systemen – Die Mehrheit hat immer Recht

„Für eine Schildkröte diskutiere ich sehr gern. Dabei kann ich zum Teil so viele Fragen stellen, dass es die anderen manchmal sogar ein kleinwenig nervt. Auch diskutiere ich für mein Leben gern. Ich will dabei gar nicht unbedingt meine Meinung vertreten, sondern mich interessieren die unterschiedlichen Sichtweisen und Argumentationen der anderen. In meinem Leben habe ich noch nie zwei Menschen getroffen, die sich in allen Diskussionspunkten einig waren. So scheint es, als gäbe es keine allgemeine Meinung. Diese liegen mitunter sehr eng beieinander oder weit auseinander. Wir Schildkröten sind in der Regel Einzelgänger. Dadurch ist es vollkommen unkritisch, wenn wir unterschiedliche Meinungen haben. Bei euch Menschen ist das aber anders. Ihr gehört zu den Lebewesen, die bevorzugt in Herden leben. Ich stelle es mir sehr schwierig vor mit anderen zusammenzuleben, die eine andere Meinung haben als man selbst. Das führt vermutlich zu sehr vielen ergebnislosen Diskussionen und Streit. Vermutlich habt ihr euch deshalb dazu entschieden, dass die

Mehrheit immer Recht hat. Ihr geht davon aus, dass alles gut wird, wenn man der Mehrheit folgt. Denn die Masse kann nicht böse sein. Die Schwierigkeit dabei ist nur, dass jeder glaubt zu wissen, dass er zur Mehrheit gehört. Das führt dazu, dass es eine objektive und subjektive Mehrheit gibt. Diese voneinander zu unterscheiden ist schwer, wenn auch gar unmöglich. Denn die Meinungen und Sichtweisen von euch Menschen sind nicht schwarz oder weiß, sondern häufig grau.

Wenn mehrere Menschen zusammenleben und sich nicht dauerhaft aus dem Weg gehen können, dann nennt ihr dies Gesellschaft. Damit in der Gesellschaft alles so läuft, wie es sich die Mehrheit wünscht, definiert ihr Regeln, die das Zusammenleben ermöglichen und erleichtern. Ihr nennt das Gesetzte. Diese sind aber nicht überall gleich. Wahrscheinlich, weil nicht alle Menschen nach denselben Regeln leben wollen. Gefährlich wird es dabei erst, wenn einzelne Personen so viel Macht haben, dass sie Regeln festlegen, die für Sie am Besten sind. In dem Fall würde keine Demokratie mehr vorliegen.

In einer Diktatur oder einem reinen Kapitalismus interessiert die Meinung der Mehrheit nämlich nicht mehr, sondern einzelne Menschen diktieren diese der Mehrheit auf. Manche schaffen es sogar, dass die Mehrheit ihre eigene Meinung aufgibt und nicht gegen die Herrschaft vorgeht. Dies gelingt häufig, indem die Machthabenden der Mehrheit Wohlstand versprechen oder bieten. Das ist bei einigen Tieren ganz ähnlich. Die Wölfe folgen beispielsweise dem stärksten Tier, das die Gruppe dann auch anführt. Dass immer das stärkste Tier an der Macht ist wird sichergestellt, indem die starken gegeneinander kämpfen. Die stärksten Menschen sind nicht selten die reichsten. In dem Moment, wo eine Person deutlich mehr Reichtum hat als andere, kommt der Kapitalismus einer Diktatur gleich. Ihr erinnert mich eher an Wölfe als an Elefanten. Denn die Elefanten suchen nicht das stärkste, sondern das intelligenteste, erfahrenste und vor allem sozialste Tier als Anführer der Gruppe aus. Meistens ist dies eine alte Elefantenkuh, die ihr Wohl unter das der Gruppe stellt.

Vielleicht bedeutet Kapitalismus, Diktatur und Monarchie, dass man dem stärksten oder skrupellosesten, nicht aber dem intelligentesten Artgenossen folgt. Eine Demokratie bedeutet hingegen, dass die Mehrheit immer recht hat. Denn die Mehrheit legt fest, wer das Sagen hat und damit den größten Teil der Gesellschaft vertritt. Allerdings funktioniert eine Demokratie nur so lange es eine Mehrheit gibt und scheitert, wenn sich die Mehrheit nicht mehr verstanden und vertreten fühlt.

Hat die Mehrheit immer recht? Ist eine Demokratie wie eine große Tierherde, bei der nur wenige das Sagen haben? Warum wählt die Herde einzelne Personen, die teilweise in ihr Leben eingreifen bzw. eingreifen können. Ein Gesetz ist dementsprechend nur dann zielführend, wenn es die Werte der Mehrheit widerspiegelt. Vermutlich funktioniert eine Demokratie nur, wenn die gewählten Menschen intelligent, menschlich und ohne eigenes Interesse an Macht und Reichtum handeln.

Es gibt nicht überall auf Erden eine Demokratie. Darüber hinaus haben die Mehrheiten häufig auch eine unterschiedliche Sichtweise. Die Demokratien unterscheiden sich deshalb recht oft auf der Welt. Jede Demokratie behauptet aber die einzig richtige zu sein. Das kann ich nicht nachvollziehen. Anstatt sich über die Vor- und Nachteile der einzelnen

Systeme in Diskussionen zu begegnen, bevorzugt ihr nicht selten den Konflikt.

Wenn die Mehrheit immer Recht hat, stelle ich mir die Frage, wie es der Minderheit in dieser Gesellschaft geht. Denn wenn die Mehrheit doch immer recht hat, bedeutet das auch, das die Minderheit unrecht hat. Folglich müsste die Minderheit in ein anderes Land und in eine andere Gesellschaft wechseln, in der sie zur Mehrheit gehören würde.

Die einzige Lösung wäre wahrscheinlich, wenn alle Menschen zumindest ähnlich wären. Ihr müsstet doch irgendwann verstehen, dass auch die Weltbevölkerung eine Mehrheit hat. Und würde es nicht allen am besten gehen, wenn diejenigen eine Herde anführen würden, die das Gesamtwohl der Menschheit auf der Erde im Fokus hätten, unabhängig von Ländern, Grenzen, Geld und Macht? Dann ginge es nicht nur euch besser, sondern auch der Natur und den Lebewesen, mit und von denen ihr lebt."

Hierarchien und Bildung in sozialen Geflechten

„In und zwischen Ländern, ebenso wie in Unternehmen, sind Regeln und Ziele festzulegen, nach denen zusammengearbeitet wird. Da jeder Mensch unterschiedliche Arbeitsweisen hätte und unterschiedliche Ziele verfolgen würde, ist es notwendig, Hierarchien zu haben. Die Hierarchie oben gibt die Richtung vor und die anderen folgen dieser. Damit sollten alle Menschen das Ziel des Gesamtunternehmens verfolgen. Die Führenden sollten dabei bei jeder Entscheidung das Gesamtwohl der Mitarbeiter und der Gesellschaft vor Augen haben, gleich wie eine Elefantenkuh. Wenn die vorgegebene Richtung die richtige war, können alle davon profitieren. So wird die Elefantenherde gemeinschaftlich und sicher zum Wasserloch kommen, wenn über die Hierarchie stehts das Gesamtwohl als Ziel verfolgt wird.

Im Zusammenhang mit der Arbeit und den wirtschaftlichen Beziehungen zwischen Ländern nimmt die Bildung eine zentrale Rolle ein. Doch was ist Bildung eigentlich? Wir Schildkröten kommen schon recht gebildet auf die Welt. Egal, wo auf der Welt wir leben, wir müssen nur an etwas riechen, um zu wissen, ob wir es fressen können oder nicht. So fresse ich zum Beispiel nur Bio-Salat ohne Fungizide und Pestizide darauf. Im Gegensatz zu uns Schildkröten habt ihr Menschen es da deutlich schwerer. Ihr müsst fast alles lernen. Ich vergleiche euch deshalb gern mit Orcas. So lernen diese Delphine in ihrer Kindheit fast alles von ihren Eltern und Großeltern.

Das ist leider nicht bei allen Menschen so. Einige glauben das Meiste in der Schule zu lernen. Wenn Sie mit der Schule fertig sind, bezeichnen Sie sich häufig als gebildet. Aber eigentlich ist die Schulbildung doch nichts anderes als die Grundqualifizierung zum Steuerzahler. Ich als Schildkröte zahle keine Steuern, dafür bin ich aber auch nicht krankenversichert und werde nie eine Rente bekommen. Als Mensch hätte ich aber Angst davor, dass ich durch die Bildung mein Leben lang in einem System gefangen wäre. Denn was ist Bildung? Bildung ist nur etwas Wert, wenn es eine Institution gibt, die bereit ist für die Bildung zu bezahlen bzw. wenn diese beim Überleben hilft. Schlussendlich muss man von der Arbeit leben und überleben können.

Bei Bildung stelle ich mir die Frage, was passiert, wenn ein Mensch alles weiß, jedoch giftige von ungiftigen Früchten nicht unterscheiden kann. Gäbe es nur noch Früchte zu essen, dann würde doch der Mensch überleben, der sich mit ihnen auskennt. Die restliche Bildung würde an Bedeutung verlieren. Das Risiko dabei ist, dass der Staat genau den Bildungsstand der Menschen anstrebt, über den sich am meisten Steuereinnahmen generieren lassen, also ein Kosten-Nutzen-Optimum der Bildung. Damit wäre der Fokus nicht mehr das Wohl eines jeden Individuums.

Ich glaube, dass Bildung regional unterschiedlich zu sehen ist. Man kann höchstgebildet verhungern. Um Nahrung anzubauen, muss man nicht einmal lesen und schreiben können, sondern es ist ein ganz anderes Wissen gefragt. Trotzdem bin ich der Meinung, dass jeder lesen und schreiben können sollte. Denn was passiert mit dem Menschen, der das nicht kann? Ich habe von einigen Menschen auf diesem Planeten gehört, die konnten nur deshalb von ihren Artgenossen ausgenutzt werden, weil sie eben nicht lesen und schreiben konnten. Das bedeutet aber, dass Bildung die Voraussetzung dafür ist, dass man von seinen gebildeten Artgenossen nicht ausgenutzt wird und das innerhalb eines Unternehmens, eines Landes und zwischen Ländern.

Ist das der Grund, weshalb es auf der Welt unterschiedliche Bildungsstände gibt? Ich weiß nicht wie gebildet man sein muss. Für mich ist das wichtigste, dass man in einer Gesellschaft überlebt und ein schönes Leben genießen kann. Ich glaube, dass Bildung auch etwas mit Heimat zu tun hat. Denn an Orten, wo eine Sprache gesprochen wird, die man beherrscht, an Orten, wo es das Essen gibt, das einem schmeckt und an Orten, wo man die Tierwelt, das Wetter und die Artgenossen kennt, dort fühlt man sich zu Hause. Ich bin ja halb Grieche und halb Italiener. Trotzdem fühle ich mich hier sehr wohl. Das liegt hauptsächlich an der netten Familie, bei der ich lebe und die mich sehr verwöhnt. Ich habe selbst erfahren, dass Heimat dort ist, wo die Menschen leben, die einen lieben und die man liebt.

Ich glaube, dass alle Menschen nur solange gleich viel wert sind, wenn keiner auf Kosten anderer Hunger oder Durst leiden muss, wenn alle die gleiche medizinische Versorgung haben. Zudem muss es sich für jedes Individuum lohnen sich in die Gesellschaft einzubringen.

Ansonsten wäre dies wahrscheinlich auch nicht gerecht und der Einzelne hätte keine Motivation mehr zu leisten als andere.

Ob ihr wollt oder nicht, die Natur und die Naturgewalten stehen über euch. Ihr seid ein Teil davon und könnt euch nicht entziehen. Ihr lebt von der Natur und den Lebewesen. Um als Art auf diesem Planeten zu überleben muss man lern- und anpassungsfähig sein. Auch nachhaltig und mit der Natur zu leben, sollte ein Teil der Bildung sein. Bildung sollte zwischen Menschen zur Gerechtigkeit führen."

Die Umwandlung von Lebenszeit in Geld innerhalb einer gerechten Gesellschaft

„Wir Schildkröten kennen kein Geld. Kein Tier kennt Geld. Eichhörnchen zum Beispiel kennen Vorräte, Essensspeicher für schlechte Zeiten und kalte Winter. Vielleicht ist das am ehesten vergleichbar mit eurem Geld, das ihr mit Arbeit verdient. Für mich ist Arbeit dasselbe wie Lebenszeit. Das bedeutet aber im Umkehrschluss nicht, dass Menschen unterschiedlich viel wert sind, auch wenn ihr diesen Fehler häufig begeht.

Die Arbeitszeit als Teil der Lebenszeit lässt sich damit in Geld umrechnen. An sich müsstet ihr euch bei allen Einkäufen die Frage stellen, wie viel Lebenszeit ihr bereit seid für ein Produkt aufzuwenden. Kostet ein Auto beispielsweise 20.000 Euro und ihr verdient in der Stunde 50 Euro, dann müsstet ihr für das Auto 400 Lebensstunden opfern. Damit will ich nicht sagen, dass dieses Auto das nicht wert wäre. Die Kosten eines Produktes stehen nämlich größtenteils für die Lebenszeit, die Menschen für die Herstellung aufgewendet haben. Denn für die Herstellung des Fahrzeuges haben Menschen Erze gewonnen, Baumwolle gepflückt, um Stoff daraus zu weben und vieles mehr. Selbst wenn Roboter einzelne Bestandteile hergestellt haben, so mussten auch eben diese Roboter von Menschen konstruiert, geplant, hergestellt, programmiert, gewartet und betreut werden. Ich glaube, dass jedes Lebewesen arbeiten muss. Ich müsste in freier Wildbahn ja auch den ganzen Tag Futter und Schutz suchen, um zu überleben. Bienen suchen zum Beispiel den ganzen Tag Honig. Von diesem Honig geben sie auch den Bienen etwas ab, die eine andere Aufgabe in deren

Gesellschaft haben und beispielsweise den Bienenstock beschützen. Junge Bienen werden auch mit Honig versorgt, diese müssen aber nie arbeiten. Sie müssen dazu erst einmal groß und stark werden und vor allem lernen, wie man fliegt. Ihr Menschen scheint ein bisschen wie eine Bienen-Gesellschaft zu sein. Denn hier suchen zwar nicht alle Bienen Blütenstaub, dennoch profitieren alle von diesem System.

Zum Erörtern meiner Sichtweise zur Gerechtigkeit in einem Sozialstaat möchte ich gern das Bild der Eichhörnchen aufgreifen. Stell dir vor, in einem Garten leben fünf Eichhörnchen. Vier von diesen Eichhörnchen suchen Nüsse und verstecken diese. Sie legen damit einen Vorrat für den kalten Winter an. Dies sichert ihr Überleben. Sucht das fünfte Eichhörnchen keine Nüsse, wird es den Winter nicht überleben. Am Ende des Winters würden nur noch vier Eichhörnchen im Garten leben, wenn sie dem fünften keine Nüsse abgeben. Das nenne ich egoistisches Überleben, ohne die Bereitschaft anderen zu helfen. Die Frage ist, ob die anderen Eichhörnchen einen Teil ihrer Nüsse abgeben sollten. Das würde bedeuten, sie müssten jeweils 25% mehr Nüsse suchen, damit auch das fünfte Eichhörnchen den Winter übersteht. Dieses Prinzip nennt ihr Menschen soziales Verhalten, das dem Sozialstaat zu Grunde liegt. Die zentrale Frage dabei ist jedoch, warum das fünfte Eichhörnchen nicht selbst Nüsse sucht. Wenn es keine Nüsse findet, weil es in seinem Gartenteil keine gibt, oder aber auch dann, wenn es körperlich oder geistig nicht in der Lage ist, sich selbst einen Vorrat an Nüssen anzulegen, dann sollten die anderen vier Eichhörnchen für ihn mitsammeln und ihm diese überlassen. Das wäre sozial. Könnte das fünfte Eichhörnchen aber selbst einen Nussvorrat anlegen, hat aber kein Interesse diese mühsam zu suchen, dann würde dieses unsozial handeln. Damit könnte es aus moralischer Sicht nicht auf die Unterstützung der anderen Eichhörnchen bauen. Dabei drängt sich mir die Frage auf, wie viel Prozent in einem solchen System auf die Nüsse anderer angewiesen sind. Wenn jemand nicht in der Lage ist für sich selbst zu sorgen, sollte die Gesellschaft sich in der Pflicht sehen, den Menschen zu unterstützen. Anders ist es aber, wenn jemand keine Lust darauf hat Nüsse zu suchen. Ich habe im Sommer öfters die Eichhörnchen beobachtet. Auf mich wirkten die kleinen Tierchen immer Recht gestresst. Ich glaube, es ist abhängig von der Belastungsgrenze der nüsse-suchenden Eichhörnchen. Es gibt einen Punkt, an dem ein Sozialstaat nicht mehr funktioniert. An diesem Punkt sind die Eichhörnchen, die Nüsse suchen, nicht mehr in der Lage, ausreichend viele Nüsse zu finden, sodass alle Eichhörnchen den Winter überleben. Dieses Versagen setzt aber voraus, dass nicht alle Eichhörnchen im Rahmen ihrer Möglichkeiten Nüsse suchen. Bezogen auf die fünf Eichhörnchen könnte man sagen, dass die anderen Eichhörnchen Lebenszeit einbringen, um dem anderen Eichhörnchen das Überleben zu sichern."

Zwischen Überleben und Komfort

„Kennt ihr den Unterschied zwischen Komfort und Überleben? Für mich ist Komfort alles, was über das Überleben hinaus geht. Das was man nicht zwingend bräuchte, aber trotzdem froh ist, dass man es hat. Ich musste noch nie ein Eigenheim finanzieren. Und mein Haus passt sich an meine aktuelle Lebenssituation an, indem es mitwächst. Zudem läuft mein Häuschen überall mit hin, wo ich hinlaufe. Da habt ihr es nicht so komfortabel. Ihr braucht ein künstliches Dach über dem Kopf, eine Heizung und Fenster. Außerdem seid ihr im Vergleich zu uns Schildkröten scheinbar recht faul. Weil ihr nicht so gern lauft, baut ihr Fahrräder und Autos. Ihr schafft sogar Dinge, die euch von Natur aus nicht gegeben sind. Ihr baut Flugzeuge und fliegt damit wie die Vögel und ihr baut Schiffe, um euch auf dem Wasser fortzubewegen. Und damit ihr euch nicht mehr so laut zurufen müsst, habt ihr Handys entwickelt. An sich besitzt ihr sehr viele Dinge, die euch die Arbeit abnehmen und euch das Leben dadurch komfortabler machen.

Ich nehme mein Zuhause überall hin mit. Damit bin ich überall zu Hause, obwohl ich mich aber nicht überall wohl fühle. Für mich ist das Wetter und das Futter sehr wichtig. Und natürlich, dass es dort keine Gefahren für mich gibt. Ihr nennt euer zu Hause eine Wohnung oder ein Haus. Gleichzeitig kennt ihr den Begriff der Heimat. Die habe ich auch, kann diese aber normalerweise nicht verlassen, ihr hingegen schon. Ein Tier verlässt einen Ort nur dann, wenn das Wasser oder Futter knapp wird oder es sich aber dort nicht mehr sicher fühlt. Auch ihr Menschen verlasst aus diesen Gründen eure Heimat. Ihr nennt es Flucht. Eines unterscheidet uns aber, ein Grund wofür ihr bereit seid Gefahren auf euch zu nehmen und eure Heimat nicht verlasst ist die Liebe, die Liebe zu anderen Menschen.

Wenn ihr euch von eurer Heimat wegbewegt, ohne das ihr fliehen müsst, dann nennt ihr das Reisen. Dabei kommt ihr immer wieder zurück, ansonsten wandert ihr aus. Durch die Flugzeuge kommt ihr unheimlich weit. Wenn ich überall hinkönnte, wüsste ich wahrscheinlich gar nicht, wohin ich wollte. Vor allem kann man fremde Orte ja auch gar nicht kennen und weiß dadurch auch nicht, ob man sich dort wohlfühlen könnte.

Egal, wo ihr lebt, ihr müsst Essen und Trinken. Euer Körper entzieht der Nahrung die Energie, die er braucht. Ihr lebt damit von der Energie eurer Nahrung. Ich habe noch nie einen Menschen getroffen, der ein Dieselfahrzeug absichtlich mit Benzin betanken würde. Gleichzeitig habe ich aber Menschen getroffen, die keinen Wert auf gesunde Nahrung legen. Ihr esst, trinkt und raucht Dinge, von denen ihr wisst, dass sie eurem Körper schaden. Für euch muss die Nahrung nicht selten vor allem günstig sein. Ist es euch so gleichgültig, von welcher Energie ihr lebt? Euer Herz kann nur schlagen, wenn es ausreichend Energie aus der Nahrung erhält. Ebenso könnt ihr nur dann geistige Leistungen bringen, solange euer Gehirn alle notwenigen Mineralien hat. Ich kenne außer euch Menschen kein Erdengeschöpf, dass die Luft verpestet, die es selbst einatmet und das Wasser verseucht, mit dem es seinen Durst stillt. Wir Schildkröten haben über die Jahrzehnte gelernt, was wir fressen können und was uns bekommt. Ihr scheint das verlernt zu haben. Dadurch bereitet ihr den Lebewesen, und nicht zuletzt auch euch selbst, einige Probleme. Ihr haltet euch uns Tieren gegenüber für überlegen, doch seid ihr das wirklich? Wenn ein Hai den letzten Fisch frisst, verhungert er. Wenn das letzte Salatblatt vergiftet ist, verhungere ich. Ihr aber beraubt euch der Grundlage, um zu überleben, indem ihr alles zerstört, dass ihr zum Leben braucht. Ist das nicht eine mangelnde Wertschätzung sich selbst gegenüber, wenn man schlechte Lebensenergie in Form von Wasser und Nahrung aufnimmt? Für mich ist euer Verhalten nicht nachvollziehbar, denn ihr wollt doch eigentlich überleben und eurer Fortpflanzung einen Sinn geben, oder? Ihr müsst lernen auf die Natur zu hören. Denn ihr lebt in ihr und durch sie. Ihr seid ein Teil davon. Nur wenn es der Natur gut geht, geht es auch euch gut. Die größte Gefahr der Natur mit ihren Pflanzen, Tieren, Flüssen, Bergen, Seen und Meeren seid ihr Menschen. Lernt auf sie zu hören. Und lernt sie, und damit auch euch, gut zu behandeln. Ihr seid ein Teil der euch umgebenden Natur. Es reicht nicht, sich für den Umweltschutz einzusetzen, denn ihr seid der Grund für den Klimawandel und das Artensterben. Ihr selbst seid ein Lebewesen in dieser Umwelt."

Zwischen Moral und übertriebenem Eigeninteresse

„Moral ist ein sehr vielschichtiger Begriff, deshalb möchte ich dir zwei Gedankenmodelle vorstellen, die mir immer helfen, ein Gefühl für die Moral zu bekommen.

Stell dir vor eine Bombe mit sehr viel Sprengstoff umrundet die Erde. Diese Bombe wird dann unkontrolliert zu Boden fallen, sobald der Treibstoff ausgeht. Du weißt, dass der Treibstoff irgendwann ausgehen wird. Gesteuert werden kann die Bombe über einen Joystick, der vor dir auf einem Tisch steht. Mit dir sitzt eine weitere Person am Tisch. Du weißt von dieser Person, dass sie das Ziel verfolgt, die Bombe in ein dicht besiedeltes Gebiet zu steuern. Du hast nun die Möglichkeit den Joystick abzugeben. Dadurch könntest du sagen, dass alles was geschehen ist, nicht durch dich verursacht wurde. Das wäre aber etwas zu einfach. Ebenso könntest du den Joystick an dich nehmen und die Bombe gezielt in ein gering besiedeltes Gebiet steuern. Wie würdest du dich entscheiden? Wenn du den Joystick an dich nehmen würdest, hättest du die Möglichkeit die Anzahl an Opfern zu minimieren. Gleichzeitig müsstest du aber festlegen, an welchem Ort der Welt die Opfer sein werden. Diese Entscheidung müsstest du objektiv und frei von eigenen Interessen treffen. Ansonsten wärst du nicht besser als die böse Person am Tisch.

Ich habe gelernt, dass ihr Menschen in einem Großteil eures Handelns aus Eigeninteresse handelt. Freundschaften werden gepflegt, damit man nicht allein ist. Das finde ich auch nachvollziehbar. Das ist bei mir und den anderen Tieren ähnlich. Aber wir lassen unsere Freunde im Gegensatz zu euch nicht hängen, wenn sie Hilfe brauchen. Das machen auch nicht alle eurer Art, aber einige schon. Ich habe Menschen so erlebt, dass sie häufig rein aus Eigeninteresse heraus handeln. So pflegt ihr Freundschaften nur, weil ihr selbst davon profitiert. Anstatt allein etwas Trinken zu gehen macht es viel mehr Spaß dies mit Freunden zu tun. Das bedeutet, dass zwischenmenschliche Beziehungen rein auf Egoismus basieren. Man bietet nur Hilfe an, weil man dadurch eine Gegenleistung in der Zukunft erhofft. Die Frage des Eigeninteresses ist in allen zwischenmenschlichen Beziehungen zu finden.

Ich wehre mich als Schildkröte gegen die Vorstellung, dass alle Menschen nur aus Eigeninteresse heraus durch und durch egoistisch handeln. Das würde bedeuten, dass sich Menschen nur deshalb für den Umweltschutz engagieren, weil sie entweder die Anerkennung der anderen wollen oder aber ein direktes Eigeninteresse haben, z.B. einen sauberen See vor der eigenen Haustür, indem man im Sommer baden kann. Auch die Politik wäre eine andere. Politiker würden nur deshalb Gesetze verabschieden, um von einzelnen Interessensgruppen Geld zu erhalten oder einzig und allein wegen der Macht, die sie innehätten. Menschen würden nur deshalb Kinder bekommen, weil sie ihre Genetik weitergeben wollten. Menschen wären nur deshalb in Ehrenämtern, weil sie sich selbst dadurch gut fühlen würden, die Hilfe und Unterstützung anderer wäre dabei zweitrangig. Kriege würden nicht dazu dienen die Menschenrechte zu verteidigen, sondern um Geld zu vermehren. Medikamente würden nur des Geldes wegen entwickelt und die Qualität von Lebensmitteln wäre egal, solange die Gewinne maximiert werden könnten. Es gibt für mich nur einen Grund an das Gute in euch Menschen zu glauben: Ich habe selbst schon gute Menschen getroffen. Menschen, deren Verhalten nicht auf ihr Eigeninteresse zurückzuführen ist. Menschen, bei denen ich lebe und die mich als Schildkröte schätzen, respektieren und mögen. Sie zeigen mir täglich, dass nicht alle Menschen aus reinem Eigeninteresse heraus handeln.

Ich möchte dir gern ein weiteres Gedankenmodell zur Hand geben, mit dem sich die unterschiedlichen Menschen, wenn auch in einer sehr drastischen Art und Weise, beschreiben lassen. Stell dir vor, es stehen sich zwei gegnerische Soldaten gegenüber. Beide haben die Waffe im Anschlag und können den jeweils anderen mit einer Fingerbewegung töten. Wie viele Handlungsmöglichkeiten hat ein einzelner Soldat?

Im Krieg würde sich der Soldat wahrscheinlich für die Handlungsmöglichkeit eins entscheiden und den gegnerischen Soldaten töten. Dieses Verhalten wird ein jeder nachvollziehen können. Den ein jeder Mensch hängt an seinem Leben und an seinen Lieben zu Hause. Es wäre daher verständlich, wenn er abdrücken würde, um sein Leben zu retten. Die Handlungsmöglichkeit zwei würde bedeuten, dass die Soldaten das gegenseitige Gespräch suchen und beide ihre Waffe bei Seite legen würden. Das ist mit Sicherheit die ideale Lösung, da das Ergebnis daraus zwei überlebende Soldaten wäre. Etwas seltsam anmutend ist Möglichkeit drei, nach der ein Soldat die Waffe gegen sich selbst richtet. Dadurch würde er dem gegnerischen Soldaten die Entscheidung, und damit die moralische Last, abnehmen. Welche Handlungsmöglichkeit würdest du wählen?

Du wirst mir zustimmen, dass die einzige, richtige Reaktion das gemeinsame Gespräch und das Weglegen der Waffen ist und doch geschehen Kriege. Obwohl zu reden die beste Lösung ist, so ist diese allerdings auch die riskanteste. Denn man ist abhängig von der anderen Person. Wenn man selbst das Gespräch sucht und die Waffe beiseitelegt, ist man nicht mehr in der Lage sich selbst zu verteidigen. Das bedeutet, dass man auch in einer Abhängigkeit zum anderen steht und großes Vertrauen in diese Person haben muss. Immerhin könnte diese, entgegen der Vereinbarung, doch zur Waffe greifen. Man begibt sich damit in ein Risiko, das auf Vertrauen basiert. Vertrauen ist damit die Basis für ein jedes Gespräch. Gleichzeitig ist man in dieser Situation des offenen Dialogs am angreifbarsten.

Interessant finde ich, dass in euren privaten Beziehungen die gleichen Prozesse abzulaufen scheinen. Vielleicht frägst du dich, was diese zwei Soldaten mit der täglichen Welt zu tun haben. Die Antwort ist einfach. Die zwei Soldaten haben jeweils drei Möglichkeiten. Jede Möglichkeit ist mit unterschiedlich hohen Risiken verbunden, die man auch im Umgang mit anderen Menschen im Alltag wiederfindet. Möglichkeit eins ist die mit dem geringsten Risiko. Der Soldat drückt ab und hat in dem Moment, wo er als erstes trifft, bereits gewonnen. Er hat damit die vollständige Kontrolle und ist nicht abhängig vom Handeln des gegnerischen Soldaten. Darüber hinaus muss er keine Kompromisse eingehen, was leider auch nicht jeder kann. Sicherlich fallen dir Menschen in deinem Umfeld ein, die ähnlich handeln. Sie sind nur auf ihren Vorteil bedacht. Es ist ihnen egal, was dies für ihre Mitmenschen bedeutet. Diese interessieren sich auch nicht dafür, wie es den Menschen in ihrem Umfeld geht.

Möglichkeit zwei, nämlich in den Dialog zu gehen, ist deutlich risikobehafteter. Denn wenn du das Gespräch suchst, der Mitmensch dir gegenüber daran aber gar kein Interesse hat und sinnbildlich wie der Soldat in der Modellvorstellung abdrückt, dann hast du verloren. Auch wenn du die beste aller Lösungen gewählt hast, trägst du ganz allein das Risiko und bist vollständig abhängig von der Person dir gegenüber.

Ich gebe zu, das Bild, dass ein Soldat, wie in Möglichkeit drei beschrieben, die Waffe gegen sich selbst richtet, klingt sehr surreal. Im täglichen Leben trifft man diese Menschen aber sehr häufig. So zeichnen sich diese dadurch aus, dass sie ihr Wohl dem Wohl anderer Menschen hintenanstellen. Sie fokussieren nicht die eigenen Interessen, sondern sind bereit in ihrem Leben selbst zurückzustecken. Diese Gutmenschen sind für eine Gesellschaft sehr wichtig und ich wünsche jedem, dass er einen solchen lieben Menschen kennt. Gut ist dies aber auch nicht. Denn jeder hat doch nur ein Leben und hat die Verpflichtung und die Verantwortung gegenüber sich selbst sein Leben zu genießen. Das entscheidende aber ist, dass es in dieser Konstellation meist eine Person gibt, die bereit ist andere für die Maximierung des eigenen Vorteils auszunutzen. Diese Situation kann aber auch zwischen zwei Gutmenschen entstehen, nämlich dann, wenn einer der Gutmenschen in seiner aktuellen Situation keine andere Möglichkeit sieht, als die volle Unterstützung des anderen anzunehmen.

Ich als Schildkröte würde mir wünschen, wenn alle Menschen, ob im Krieg oder im Alltag, Möglichkeit zwei wählen würden. Kriege gäbe es dann bald keine mehr und gemeinsame Gespräche sowie das harmonisieren von Eigeninteressen würde zu einem friedlichen Zusammenleben führen. Es gäbe keine Opfer mehr, auch nicht im alltäglichen Zusammenleben. Erst friedliche Menschen weisen Menschlichkeit auf und das zeichnet euch aus."

Die Bilanz von Freundschaft und die übermenschliche Liebe

„Ich möchte dir gern etwas über die Bilanz der Freundschaft und des Vertrauens erzählen, wie ich es nenne. Freundschaft ist ein großer Begriff. So könnte man Freundschaft mit genetischer oder gesetzlicher Verbindung auch Verwandtschaft bezeichnen. Diese Differenzierung möchte ich im Zusammenhang mit der Bilanz der Freundschaften aber hier nicht weiter vornehmen und allgemein über Freundschaften sprechen.

Stell dir vor ein jeder Mensch, und auch die meisten Tiere, haben sinnbildlich eine Waage in sich. Diese besteht aus zwei Waagschalen. Für jeden Menschen, den ihr kennenlernt, legt ihr eine solche Waage an. Zunächst befindet sich diese in einer neutralen Position. Abhängig davon, ob ihr mit diesem Mitmenschen eine positive oder negative Erfahrung gemacht habt, wird diese gewichtet und in der Positiv- oder Negativ-Schale abgelegt. Dadurch kippt die Waage über die Zeit stärker ins Positive oder ins Negative und beeinflusst damit eure Haltung, Einschätzung, Empfindung und Erwartung gegenüber dem Mitmenschen. Je mehr positive Erfahrungen man mit jemandem gemacht hat, umso stärker vertraut man einem Menschen, denn umso weiter kippt die Waage auf die Positiv-Seite. Dazu muss man nicht unbedingt selbst die Erfahrungen gemacht haben. Bedeutet euch ein Mensch sehr viel und steht euch nahe, dann werden sich seine negativen oder positiven Erfahrungen mit einem Mitmenschen auch auf euch auswirken. Ihr werdet die Erfahrungen auch in eurer Waage zu diesem Mitmenschen ablegen. Eine gute Tat kann sich dadurch auf mehrere Menschen positiv auswirken. Und nicht selten bekommt ein guter Mensch dadurch etwas Positives zurück.

Ein als intelligent geltendes Tier, das negative Erfahrungen mit euch Menschen gemacht hat, wird dauerhaft Angst vor euch haben. So fällt es auch Menschen schwerer den Artgenossen zu vertrauen, die andere Menschen in der Vergangenheit bereits schlecht behandelt haben. Aufgelöst werden kann dies nur durch gegenteilige, positive Erfahrungen. Heben diese die negativen Erfahrungen auf, kehrt das Vertrauen zurück und die Waage kippt sinnbildlich auf die positive Seite. Hat ein Elefant oder ein Hund beispielsweise 20 negative Erfahrungen mit euch Menschen gemacht, dann bedarf es über 20 positive Erfahrungen, um das Vertrauen zurückgewinnen zu können. Dies gelingt nicht immer und kann nicht nur schwarz oder weiß gesehen werden, denn die positiven und negativen Erfahrungen können dabei auch unterschiedlich gewichtet sein. So wird ein Elefant das gesamte Vertrauen in euch Menschen dauerhaft verlieren, wenn er mit ansehen musste, wie ihr einen anderen Elefanten tötet, um ihn seiner Elfenbeinzähne zu berauben.

Gleichermaßen verhaltet ihr euch scheinbar, wenn es um Freundschaften geht. Hat einer eurer Artgenossen beispielsweise die gleichen Interessen wie ihr, dann bewertet ihr dies positiv. Je mehr auf der Positiv-Seite steht, umso größer und stärker scheinen die Freundschaften auch zu sein. Mehren sich aber die Punkte auf der Negativ-Seite, dann beendet ihr häufig eine Freundschaft. Wir Tiere differenzieren zwischen Freund und Feind. Ihr Menschen differenziert da meiner Einschätzung nach deutlich stärker. So habt ihr Bekanntschaften, Freundschaften und manche eurer Artgenossen bezeichnet ihr als gute oder beste Freunde. Das sind diejenigen, die auch dann für einen da sind, wenn es euch einmal nicht so gut geht. Wahrscheinlich sind dann so viele Punkte auf der Positiv-Seite vorhanden, dass ein Wegfall einzelner nicht ausreicht, um die Waage ins Negative kippen zu lassen. Ob die Freundschaft in diesem Fall weniger stark wird, weiß ich nicht. Ich als Schildkröte beobachte euch Menschen, aber wie ihr wirklich tickt, weiß ich nicht.

Was mich als Schildkröte an euch Menschen ziemlich fasziniert, ist eure Treffsicherheit. Ihr seht einen Menschen das erste Mal und bildet euch sofort eine Meinung von dieser Person. Mir scheint, als ob ihr mit eurer ersten Einschätzung meistens gar nicht so weit daneben liegt. Ich könnte das nicht, denn ihr Menschen seht für mich alle ähnlich aus.

Es existiert ein Gefühl auf dieser Erde, dass nur ihr Menschen kennt und das auf mich übermenschlich wirkt: Liebe. So gibt es liebe Worte, liebe Gesten und liebe Menschen. Meistens versteht ihr unter Liebe das Gefühl zweier erwachsener Menschen, die gegenseitige Zuneigung und Anziehung empfinden. Liebe bedeutet für euch Menschen so viel. Die Liebe der Eltern zu ihren Kindern ist aber die stärkste Art der Liebe. Nämlich die Bereitschaft der Eltern, ihr Leben für das ihrer Sprösslinge zu geben. Das ist bei uns Schildkröten nicht so. Im Gegenteil, wir kennen unsere Eltern häufig nicht einmal. Allerdings sind Schildkrötenkinder auch deutlich pflegeleichter als Menschenkinder. Es dauert schon ewig, bis ein Mensch selbstständig wird. Vielleicht gibt es deshalb auch die Liebe, damit man auf ewig mit einem Menschen verbunden ist und gemeinsam die Kinder in das Erwachsensein führt. Alles für jemanden zu tun, auch wenn das Opfer bedeutet, und doch gewinnen alle davon. Ist Liebe vielleicht das Gegenteil von Krieg? Die wahre Liebe bedeutet für mich an einen Menschen zu denken, sich um ihn zu sorgen und zu kümmern, wenn es ihm einmal nicht so gut geht. Ihm mit den positivsten Absichten zu begegnen und das in jeder Situation. Auch wir Tiere haben zwischentierische Gefühle.

Ich bin, wie auch meine Artgenossen, die meiste Zeit ein Einzelgänger. Bei euch Menschen ist das eigentlich anders. Für euch sind soziale Kontakte mit euren Artgenossen sehr wichtig. Das ist der Grund weshalb ihr vermutlich Freundschaften pflegt. Und auch zu euren Eltern und Geschwistern habt ihr eine Beziehung, die ich als Schildkröte leider nicht kenne. Ihr nennt dies Familie. Ich glaube, dass es für euch wichtig ist zu lieben, aber auch geliebt zu werden. Ihr freut euch und seid dankbar, wenn sich jemand um euch kümmert. Umgekehrt freut ihr euch auch, wenn es wertgeschätzt wird, wenn ihr euch um andere sorgt. So ist es seit meiner Geburt in mir, dass ich ein Einzelgänger bin, genauso sind für euch von Geburt an soziale Kontakte wichtig, manchmal sogar überlebenswichtig.

Ich verstehe, dass ihr Haustiere habt, die euch faszinieren. Aber warum habt ihr Menschen Tiere so gern, die ihr streicheln könnt und die euch gehorchen. Ich glaube, dass ihr Schmusetiere als Menschenersatz versteht. Wahrscheinlich ist die Zunahme von Schmusetieren ein Indiz für eine krankende oder sogar versagende Gesellschaft.

Für mich persönlich ist Liebe gleichzusetzen mit Familie. Jeden Tag bedingungslos und ohne Erwartungen an die anderen für einander da zu sein. Ich bin froh eine Schildkröte zu sein. Als Menschen könnt ihr euch sehr darüber freuen, dass ihr Freundschaften, die Liebe und das Leben in Familien habt. Denn das macht euch stark und lässt euch nachts ruhig schlafen.“

Mensch sein durch Verzeihen ohne zu Vergessen

„Ich habe euch vorhin von der Bilanz von Freundschaft und Vertrauen erzählt. Ich habe noch keinen Menschen getroffen, der wirklich vergessen kann. Vermutlich, weil ihr eure Erinnerungen nicht ohne weiteres löschen könnt. Es scheint, als könntet ihr Menschen nur verdrängen. Und manchen von euch gelingt dies recht gut. Was für mich allerdings die Frage aufwirft, ob ihr Menschen überhaupt verzeihen könnt? Und vor allem wie häufig ihr verzeihen könnt. Es scheint mir, als würdet ihr die Negativ-Punkte beim Verzeihen durchstreichen, in einen Archiv Ordner verschieben und diesen irgendwo ganz hinten in eurer Erinnerung verstecken. Die Situation, wenn man etwas selbst versteckt, ist nun mal aber die, dass man weiß, wo es liegt. Folglich könnt ihr Menschen aus meiner Beobachtung heraus nicht vergessen. Trotzdem scheint ihr verzeihen zu können. Vielleicht setzt ihr einfach die Gewichtung der Negativ-Punkte herab. Wenn euch ein Artgenosse wirklich viel bedeutet, dann seid ihr sogar bereit euch selbst zu belügen. Wenn es euch hilft und ihr dadurch glücklich seid bzw. werdet, kann das auch eine Lösung sein. Ich als Schildkröte lebe nur in der Realität, wenn es regnet werde ich nass, wenn ich fresse werde ich satt und wenn ich laufe, komme ich von A nach B. Für mich ist das Leben deshalb wahrscheinlich viel leichter als für euch. Vermutlich zeichnet euch aber genau das aus, dass ihr euch Gedanken macht, auch über Dinge, die ihr eigentlich gar nicht ändern könnt. Ihr plant in die Zukunft, macht euch über Vergangenes Gedanken und wollt im Hier und Jetzt das Beste für euch rausholen. Du solltest deine Feinde umarmen. Denn mit Liebe werden sie nicht klarkommen. Und wer Liebe empfängt, wird keine Gewalt austeilen. Aber auch hier, ähnlich wie bei der Bilanz der Freundschaft, ist die Dosis die Schwierigkeit. Ein Mensch, der größtenteils negative Erfahrungen mit seinen Artgenossen gesammelt hat, wird sehr viel Liebe benötigen, um seinen Mitmenschen wieder vertrauen zu können."

Alle Menschen sind gleich und haben Angst vor intelligenten Gedanken

„Es gibt im Weltall kein oben und kein unten. Was für den Australier unten ist, müsste für den Amerikaner oben sein. Und trotzdem glauben alle Menschen dieser Welt, dass unten dort ist, wo im Stehen die Füße die Erde berühren. Wenn nun ein Amerikaner in Australien lebt, ist für Ihn unten da, wo auch für den Australier unten ist. Ihr Menschen seid euch, unabhängig von eurer Herkunft, Hautfarbe und Religion, ähnlicher als es euch lieb zu sein scheint. So ist zumindest mein Eindruck.

Ihr habt etwas, dass ihr Computer nennt. Das Ding fasziniert mich vielleicht deswegen, weil für mich die Funktionsweise unerklärlich ist. Aber es scheint ein bisschen zu sein wie ihr Menschen. So sind alle Computer gleich. Naja, sie sind fast alle gleich. So gibt es Computer, die haben ein größeres Langzeitgedächtnis. Ihr nennt es Festplatte. Das Kurzzeitgedächtnis nennt ihr Arbeitsspeicher. Ihr setzt diese Computer dadurch auch unterschiedlich ein, wie auch Menschen unterschiedlichen Berufen nachgehen. So gibt es Berufe, bei denen der Arbeitsspeicher sehr wichtig ist. Wohingegen in anderen Berufen vor allem die Größe der Festplatte eine Rolle spielt. Gleiches gilt auch für die Rechengeschwindigkeit. Ihr habt da also ein Gerät gebaut, dass Ähnlichkeiten mit euch hat, nur dass dieses ohne Gefühle ist und Strom braucht. Wobei auch ihr Nahrung braucht, um richtig arbeiten zu können.

Ich finde es toll, dass ihr für jeden eurer Art einen seinen Stärken entsprechenden Beruf geschaffen habt. Ganz und gar nicht gefällt mir, dass ihr Unterschiede wegen eurer Verpackung, also Hautfarbe, Geschlecht und Erscheinungsbild macht. Zudem gebt ihr leider viel zu selten auch den Menschen in eurer Gesellschaft eine Aufgabe, die eine Hardware haben, die nicht ganz in eure Norm passt. Ihr wollt sozial sein, aber in genau diesen Punkten finde ich euch als ungerecht, egoistisch und sehr unsozial. Ihr solltet euch darüber Gedanken machen, ob ihr das nicht besser hinbekommen könnt. Das funktioniert ganz einfach, ihr müsst dazu nämlich lediglich eure Hardware verwenden.

Es ist nicht nur schwer einen Weg zu gehen, es ist auch schwer einen gangbaren Weg zu finden. Das sind aber die zentralen Aufgaben eurer Zukunft. Ihr müsst mit den Folgen eines global veränderten Klimas umgehen. Ihr müsst Kriege vermeiden. Ihr müsst dabei die Mehrheit vertreten. Unter der Mehrheit verstehe ich alle Erdbewohner, unabhängig vom Kontinent, Land oder Region. Schafft Gerechtigkeit und erarbeitet Wege, mit denen die Menschen in eine positive Zukunft blicken können. Dann müsst ihr euch nur noch auf den richtigen Weg machen."

Hey, alles wird gut und jeder kann glücklich sein

„Meine Vorfahren haben euch kommen sehen. Damals war die Welt auch noch nicht in Ordnung. Dann seid ihr gekommen und es gab ganz neue Probleme. Eure Probleme könntet ihr Menschen größtenteils selbst auflösen. Da es selbstgemachte Probleme wie Kriege, Neid, Hass und Hungernöte durch Dürren sind. Ebenso ist Streit mit anderen Menschen im privaten Umfeld unnötig und vermeidbar. Ich habe gelernt, dass wenn ein Mensch glaubt etwas sei einfach zu erklären, dann hat er es meistens nicht verstanden. Denn komplexe

Systeme und deren Zusammenhänge lassen sich nicht einfach erklären.

Dass wir noch weit davon entfernt sind alles zu wissen, erkennt man an der Wettervorhersage. Das Wetter ist ein physikalisch erklärbares System. Dabei hat die Sonne einen Einfluss, die Erdrotation, euer Verhalten beim Verbrennen von fossilen Brennstoffen und vieles mehr. So könnte ich ewig weiter aufzählen. Wenn aber doch alles zusammenhängt, dann könnte man exakt vorhersagen, wie das Wetter in einer Woche, einem Monat, einem Jahr oder gar in hundert Jahren ist. Könnt ihr das Wetter wirklich vorhersagen? Ich habe es da einfach, wenn die Sonne scheint ist mir warm und sonst schlafe ich. Ich habe aber das Gefühl, dass ich im Winter zunehmend weniger lang schlafe. Wenn die Arroganz kommt und das Lernen schwindet, dann ist unser Planet gefährdet.

Ihr scheint auch dasselbe Gefühl wie wir Schildkröten zu kennen: Glück. Glücklich ist der, der mit seiner aktuellen Situation zufrieden ist und Hoffnung in sich trägt. Hoffnung, der Glaube daran, dass Träume und Wünsche wahr werden können. Wenn man ein Problem hat, dann gibt es nur zwei Möglichkeiten, wie damit umgegangen werden kann. Ist das Problem mit angemessenem Engagement lösbar, dann muss man dies tun. Ist ein Problem nicht lösbar, dann muss man es akzeptieren. Dadurch schafft man es, wieder Zufrieden und damit glücklich zu werden. Ihr nennt das Gegenteil von Glück Unglück. Ein Unglück kann man häufig nicht selbst beeinflussen, Glück hingegen schon. Ich bin davon überzeugt, dass das Gegenteil von Glück in der Menschensprache deshalb der Neid ist. Ich habe noch nie einen glücklichen Menschen erlebt, der Neid empfindet.

Alle Menschen dieser Welt, ob an die Wissenschaft, eine oder keine Religion glaubend, haben doch alle eines gemeinsam: Sie alle sind Menschen. Und sie glauben an etwas Wunderbares, an etwas Göttliches, die Schöpfung der Menschen und damit von sich selbst. Und ein jeder möchte glücklich sein und muss nur verstehen, dass er dies meistens selbst beeinflussen kann.

Hoffnung, dass ihr Menschen euch zum Positiven hin entwickeln könnt, ist begründet in einem einzigen Wort: Liebe. Niemand macht das so sehr deutlich wie die Liebe der Eltern zu ihrem Kind. Selbst eine Meeresschildkröte, die ihren Nachwuchs wahrscheinlich nie sieht, lebt doch für diesen. Sie schwimmt um den Globus nur um ihre Eier an dem Ort abzulegen, an dem Sie selbst bereits geboren wurde. Jede einzelne dieser Schildkröten wandert allein um die Welt, kämpft sich mit allerletzter Kraft an Land, hebt ein Loch aus und legt die Eier darin ab. All das tut sie wahrscheinlich nur aus einem einzigen Grund, nämlich der Hoffnung, dass einzelne Schildkrötenbabys überleben. Jede dieser Schildkröten tut dies, weil sie diesen, unseren Planeten liebt. Weil Sie das Leben hier auf Erden für lebenswert hält und weil sie an eine positive Zukunft glaubt.

Für ein Menschenkind scheint die Liebe der Eltern das selbstverständlichste der Welt zu sein. Diese Liebe stellt ein Kind niemals in Frage. Es kann nicht, denn sein Leben hängt von der Liebe der Eltern ab. Sie hält von der ersten Sekunde an ein ganzes Leben. Diese Liebe solltet ihr nie vergessen, sie ist die Basis für ein inneres Wertesystem.

Ich sage mir immer: Hey, es wird alles gut und ich bin glücklich solange es Bio-Salat und liebe Menschen gibt.

Folgende Bitten hätte ich aber an dich. Es gibt nur diese eine Erde, pass bitte auf sie auf. Denn nicht nur du, sondern auch ich lebe auf ihr. Denke auch an die anderen Menschen, die dich umgeben. Vielleicht kannst du keine Kriege verhindern, aber du kannst in deinem Umfeld für Menschlichkeit sorgen. Sei es ein freundlicher Gruß oder das gelegentliche Zurückstecken der eigenen Interessen.

Ich wünsche dir für deine Zukunft vor allem Gesundheit, einen intelligenten Umgang mit der Natur und das was euch Menschen ausmacht: Liebe und Menschlichkeit."